AVIS D'UNE HAUTE IMPORTANCE.....
POUR LE PUBLIC?... NON, LECTEUR, *PRO NOBIS* :
CAR IL S'AGIT DE NOUS SAUVER LA CHANCE
DU TRISTE *SIC VOS NON VOBIS*.....

Étrangère à tout comité,
A tout club littéraire, à toute coterie ;
N'ayant dans les salons et dans l'Académie,
Compère, ni prôneur au Pinde accrédité ;
Seule, au fond de son puits cherchant la Vérité,
Ma pauvre muse aura pour cruelle ennemie
La froide indifférence, à défaut de l'envie.....
Mesurant son mérite à son obscurité,
A peine son discours sera-t-il écouté ;
Sous son habit de bure, elle sera honnie
Par ses brillantes sœurs..... mais elle se confie
En la publique probité.

PARIS.

CARILLIAN-GOEURY, Libraire, quai des Augustins, n° 41 ;

L'AUTEUR, rue des Saints-Pères, n° 59 ;

ET DANS TOUS LES CABINETS DE LECTURE DE LA CAPITALE.

1830.

AVIS D'UNE HAUTE IMPORTANCE.....
POUR LE PUBLIC?... NON, LECTEUR, *PRO NOBIS :*
CAR IL S'AGIT DE NOUS SAUVER LA CHANCE
DU TRISTE *SIC VOS NON VOBIS*.....

———

Il paraîtra, dans la rue aux Saints-Pères,
Incessamment, numéro cinquante-neuf,
Chez son auteur, quatre mille exemplaires
D'un opuscule original et neuf,
De cent quarante à cent soixante pages
D'impression, format in-octavo,
Dont la lecture, à nos fous et nos sages,
Également fera crier bravo !....

Cet opuscule est pindaritechnique,
Et sous ce titre : ÉNONCÉ DESCRIPTIF,
MI-LITTÉRAIRE ET MI-SCIENTIFIQUE,
DES GRANDS PROJETS D'UN ESPRIT INVENTIF.....
Traite d'engins, portes, vannes d'écluses,
Bassins volans, machines à vapeur,
Pont submersible..... et même il trace aux Muses,
Modestement, un plan réformateur.....

Accourez tous : et si vous voulez rire,
Et profiter, Messieurs, en même temps,
Sans barguigner hâtez-vous d'y souscrire ;
Ce livre d'or n'est que de quatre francs !
Encor l'auteur en veut-il, à Fougères,
Léguer le quart, par générosité,
Pour y fonder des écoles primaires
Et des dépôts pour la mendicité :

Dès qu'on aura chassé, comme exotique,
Et remplacé, par un autre plus fort
Et plus français..... le MINISTÈRE INIQUE
Du huit août, de rage à demi mort.....

Et que, prenant un parti salutaire,
Les trois pouvoirs du Corps Législatif
Auront, d'accord, entouré chaque Maire,
Chaque Préfet, d'un conseil électif.....

« Comme à raison de son irrévérence,
« De son obtuse originalité,
« Ce sot avis pourrait produire, en France,
« Explosion de curiosité.....
« Du dieu des vers la docte majesté,
« Vu ses décrets, considérant l'urgence,
« Et son conseil des Muses consulté,
« Spontanément prescrit cette ordonnance :

« Pour éviter de scandaleux honneurs
« Au fat qui veut, sans Mécène, sans gloire,
« Prendre d'assaut le temple de Mémoire,
« Et violer l'asile des neuf Sœurs.....
« De par le dieu sévère du Parnasse,
« Défense expresse est faite à tous auteurs,
« Petits et grands, et surtout aux lecteurs,
« De faire vogue à ce nouveau paillasse..... »

Mais en dépit du dieu jaloux,
De son redoutable courroux,
Et de sa lyre vengeresse,
Soit noble ardeur, ou folle ivresse,
Rebelle aux arbitraires lois
Et de l'Olympe et du Permesse,
J'ose déclarer toutefois :
Que tout ami de la sagesse
Qui voudra faire, avec largesse,
Trois bonnes œuvres à la fois :
Doter l'enseignement primaire,
Éteindre la mendicité,
Et préserver de pauvreté
Six enfans et leur tendre mère.....

Peut être sûr, en souscrivant
A ce petit livre amphibie,
Mi-sérieux et mi-plaisant,
Où l'Algèbre et la Poésie
(Qui, bien que consanguines sœurs,
Et nobles filles du Génie,
Étant de différentes mœurs,
Vont rarement de compagnie)
Ont bien voulu se réunir,
Leur ayant partagé ma vie,
Et veulent bien, malgré l'envie,
Pour leurs ébats daignant choisir
Cet étroit et modeste asile,
Le rendre, suivant mon désir,
A la fois agréable, utile,
Et d'un intérêt éminent,
Par son fond principalement,
Et ses notes analytiques,
Sa forme subsidiairement,
Et ses tirades pindariques,
Pour le poète, le savant,
Le magistrat, le commerçant,
L'industriel, le politique,
Et l'artiste et le fabricant,
Enfin pour tous : sauf l'ignorant,
Et le sot et le fanatique.....
Quiconque, dis-je, souscrivant
A ce petit livre, futile
En apparence seulement,
Peut être sûr, pour son argent,
De recevoir, à domicile,
Et dans le trimestre courant,
Ce chef-d'œuvre d'un vétéran
De l'école Polytechnique :
Le plus obscur élève antique
De ce collége sans égal,

Ours très mal léché, franc rustique,
Vrai sauvage du Sénégal,
Et singulier original,
Qui, sur le déclin de la vie,
Montant le coursier sidéral,
Tout à coup galope et s'écrie :
Je suis poète..... libéral.....
Il aurait dit : J'ai du génie !
S'il eût osé ; mais son cheval,
Cabré contre cette hérésie,
Par les hurlemens de l'envie,
Aurait pu le désarçonner ;
Et pour éviter l'avanie,
Bien ou mal, à la modestie,
Il a fallu se cramponner.

Et n'allez pas, lecteurs, je vous en prie,
Considérer cet avis curieux
Comme une attrape, une plaisanterie ;
Car, en honneur, rien n'est plus sérieux.....
Depuis six mois je suis à la réserve,
Sans traitement !... Or, avec six enfans,
Vous sentez bien que mes faibles talens
Doivent grandir..... et que j'ai de la verve !...

Vous en doutez ?.... eh bien ! mes chers lecteurs,
Pour vous donner une preuve palpable
Que mon écrit offre, à mes souscripteurs,
Éminemment l'utile et l'agréable,
Je vais d'avance, à vos yeux enchantés,
En étaler et la queue et la crête :
Vous jugerez sainement de la bête
En dégustant ses deux extrémités.

NOMENCLATURE DE MES PRINCIPAUX PROJETS SCIENTIFIQUES ET LITTÉRAIRES.

1°. NIVELEUR IMPERTURBABLE, OU NIVEAU D'EAU PERFEC-TIONNÉ, au moyen duquel on peut opérer exactement, quelque vent qu'il fasse, et lire soi-même, sans se déranger et sans déplacer la mire, toutes les côtes de son nivellement.

2°. COMPTEUR HYDRAULIQUE, OU ÉPUISEUR A PRIX FAIT, au moyen duquel on peut connaître le cube de l'eau provenant d'un épuisement, quels que soient les moyens employés pour son exécution.

3°. PESON PARFAIT, OU ROMAINE A NONIUS, exécuté, il y a quatorze ans, au port de Bouc ; conservant les conditions de l'équilibre dans toutes ses positions, et donnant un moyen fort simple d'éliminer le frottement dans les pesées.

4°. PONDÉRATEUR MÉCANIQUE, OU NOUVEAU PONT A BASCULE, sans fosse ni vérins, où les chariots sont pesés en deux opérations successives ; la voie des roues et la largeur des jantes prises exactement, en quelques secondes, par les préposés, sans sortir de leur pavillon.

5°. PONDÉRATEUR FLOTTANT, OU BALANCE HYDRAULIQUE, pouvant être approprié à toute sorte d'usage, et donnant les pesées exactes en éliminant le frottement.

6°. PONTECTUM, OU NOUVEAU TOIT-TERRASSE, propre à remplacer avantageusement nos lourds, vilains et incommodes combles pointus ou obtus.

7°. CAISSON PORTEUR ET REMORQUEUR, OU CONSTRUCTEUR ARTIFICIEL, moyen de construire en blocs factices, d'une grande dimension , l'assise de recouvrement d'un enrochement semblable à celui qui devait servir de base au fort Boyard, en rade de l'île d'Aix.

8°. Caisson porte-fort , ou forteresse flottante , moyen d'achever la construction du fort Boyard, malgré l'Anglais, en temps de guerre maritime.

9°. Porte busquée d'aval, a gonds continus et vannes tournantes, exécutée avec succès, en 1827 et 1828, à l'écluse de Portiragues, sur le canal du Midi.

10. Porte busquée intermédiaire, a gonds ordinaires, pentures-crapaudines, et vannes roulantes, lesquelles vannes ont été exécutées avec succès, en 1827, à l'écluse du Baguas, sur le canal du Midi.

11°. Porte d'amont, transversale et tombante, qui se couche sur le radier de sa chambre pour laisser passer les barques, et se partage en deux compartimens, l'un supérieur, l'autre inférieur, pour emplir le bassin.

12°. Porte d'aval, levis et transversale, plus propre pour une écluse de chasse que pour une écluse de navigation, quoique néanmoins applicable dans les deux cas.

13°. Porte transversale d'aval, levis et tombante , à deux vantaux; l'un supérieur, semblable à la porte précédente; l'autre inférieur, pareil à l'antéprécédente, mais d'une seule pièce.

Dans ces cinq systèmes différens de portes d'écluse, le nombre, l'emplacement et l'écarrissage des entretoises, ainsi que l'épaisseur des madriers de recouvrement, sont déterminés exactement au moyen de formules algébriques fort simples, en raison de la grandeur des portes et de la charge d'eau qui les presse.

14°. Ecluse volante de navigation, à deux bassins mobiles, s'équilibrant l'un l'autre ; dont la manœuvre est rendue facile par un excédant d'eau dans le bassin supérieur, capable de vaincre le frottement.

15°. Ecluse volante de roulage, semblable à la précédente ; mais appropriée au roulage ; pour, dans certaines localités, particulièrement sur les chemins de fer, éviter les rampes, en passant subitement d'un niveau à un autre.

16°. Ecluse torrentielle sans chute, projetée pour le passage du Libron, canal du Midi.

17°. Pont-canal submersible, projeté pour le passage de l'Orbe, canal du Midi.

18°. Molivental, moulin a ailes horizontales, entièrement nouveau. Je ne donne, dans mon opuscule pindaritechnique, que le simple énoncé de ce nouveau moulin à vent, sans le décrire sommairement, comme mes autres projets, attendu que mon intention est de m'en assurer, par brevet, la propriété, dès que je le pourrai.

19°. Machine a vapeur rotative, entièrement nouvelle. Je ne parle également que pour mémoire de cette nouvelle machine rotative, ayant aussi l'intention de m'en assurer, par brevet, la propriété, dès que l'état de mes finances me le permettra.

20°. Machine a vapeur alternative perfectionnée. Je voulais également m'assurer, par brevet, la propriété des perfectionnemens que je crois pouvoir apporter aux machines à vapeur alternatives ; pensant, sur des renseignemens inexacts, ou mal compris, pouvoir le faire à peu de frais ; d'abord dans la Grande-Bretagne, par un simple *caveat* ; puis en France, par un brevet d'importation. J'ai même fait, depuis peu, le voyage de Londres dans cette intention ; mais il m'aurait fallu y prendre, non pas un caveat, qui ne garantit rien, mais une patente qui coûte neuf à dix mille francs pour les trois royaumes britanniques. Et comme je ne pouvais raisonnablement y sacrifier une pareille somme, je me suis vu forcé d'y renoncer.... Je me suis même décidé à publier ces perfectionnemens ; aimant mieux en gratifier le public, qui, je l'espère, m'en saura quelque gré, que de m'exposer autrement à me les voir enlever tôt ou tard ; leur secret me paraissant un peu aventuré, par suite d'une circonstance malheureuse, que je ne dois ni ne veux faire connaître....

Ces perfectionnemens, dont je donne sommairement l'indication dans mon énoncé descriptif, sont au nombre de six, et consistent dans l'emploi de moyens nouveaux ou améliorés :

1°. POUR OPÉRER LA TRANSFORMATION DIRECTE ET COMPLÈTE DU MOUVEMENT DE VA-ET-VIENT DU PISTON EN ROTATION CONTINUE. J'ai fait faire un modèle de ce nouveau mode de transformation du mouvement rectiligne alternatif en mouvement circulaire continu, qui fonctionne très bien, quoique susceptible de plusieurs améliorations, n'étant qu'une première ébauche de mon idée.

J'ai démontré, par l'analyse algébrique, que la perte de force occasionnée par l'emploi de la bielle et de la manivelle, pour opérer cette transformation de mouvement, est des quatre onzièmes de la puissance mécanique de la vapeur, supposée constante.

2°. POUR UTILISER LA FORCE EXPANSIVE DE LA VAPEUR, SANS TROUBLER SENSIBLEMENT SON ÉGALITÉ D'ACTION. J'ai comparé théoriquement entre eux, et avec celui que je propose de leur substituer, dans certains cas, les principaux moyens connus d'employer la vapeur par expansion.

3°. Pour condenser la vapeur après son emploi. Je crois pouvoir y parvenir par refroidissement extérieur, aussi subitement et parfaitement que par l'injection intérieure, et en consommant beaucoup moins d'eau.

4°: Pour empêcher le piston de laisser échapper la vapeur, à quelque haute pression qu'on travaille, ou tout au moins faire qu'elle ne puisse réagir contre lui.

5°. Pour éviter, autant que possible, l'explosion des chaudières; par un nouvel appareil de sûreté, servant à la fois de manomètre et de régulateur du feu, à haute comme à basse pression.

6°. Pour faire disparaître entièrement les dangers de cette explosion; toujours fortuitement possible, quelque précaution qu'on prenne pour l'éviter.

21°. Grand projet de réforme littéraire; où, proscrivant les vers entièrement libres, et déliant en même temps les poètes des vieilles entraves de l'éternel alexandrin, je ne leur impose d'autres lois que celles du goût et de la symétrie; sans toutefois les dispenser, dans aucun cas, d'avoir le sens commun.....

Je donne aussi témérairement mes idées, bonnes ou mauvaises, mais franches et loyales, sur la législation des brevets d'invention, à la fin de mon Avant-propos; et je termine ensuite cette sorte de projet de loi par cette allocution, énergique et respectueuse, aux majorités royales et patriotiques de nos deux Chambres législatives, fermes et incorruptibles appuis du trône légitime et constitutionnel :

Dignes législateurs, c'est à vous que j'adresse
Et ma prose et mes vers ; du Pinde, enfans perdus....
C'est à vos doctes soins, c'est à votre sagesse,
Qu'il appartient, chez nous, d'extirper les abus.

Rendez la France juste, heureuse, libre, grande !
Ne souffrez nulle part de ronces dans l'État.
Soyez unis surtout, l'honneur vous le commande,
Pour arriver plus tôt à ce grand résultat.

Sachez, fermes appuis de notre monarchie,
Loyaux et nobles Pairs, généreux Députés,
Pour servir à la fois le trône et la patrie,
Marier la couronne avec nos libertés....
Alors noir fanatisme et pâle tyrannie,
Voués par la raison à l'empire des morts,
Pour se ressusciter feront de vains efforts ;
Vous aurez, sans retour, sonné leur agonie.

PÉRORAISON DE MON OPUSCULE PINDARITECHNIQUE.

Pour terminer ce salmis singulier,
Où nous mêlons, à vingt gros de génie,
Six grains d'algèbre et dix de poésie,
Muse, gaîment il faut nous écrier :

Heureux celui que le travail enivre !
Qui se délecte à suer, à veiller....
Heureux cent fois qui vit pour travailler !
Et malheureux qui travaille pour vivre.

Indépendance, aux mortels empressés,
Fait savourer la tâche la plus rude ;
Nécessité, mère de servitude,
Condamne l'homme à des travaux forcés.

Probablement, ces projets qui sont nôtres,
Si le Très-Haut nous donne du loisir
Pour les finir, polir et repolir,
Seront encor suivis de plusieurs autres :

Car l'esprit vient au simple en travaillant ;
La verve au docte en creusant son génie ;
Et l'âge au sage en usant de la vie ;
Comme aux gourmands l'appétit en mangeant.

Si par l'envie et ses sœurs infernales ,
La calomnie et la malignité ,
Notre génie , un peu désappointé ,
Voit déprimer ses œuvres libérales ;

Si , par malheur , d'autres inventions ,
D'autres projets sont aux nôtres semblables....
Faut-il nous pendre , ou nous donner aux diables ?
Cela n'est point dans nos intentions.

Non : nous ferons gaîment tête à l'orage ;
Non ! fussions-nous , par arrêts , débouté
De ce que mieux nous avons inventé....
Nous pesterons.... mais sans perdre courage ;

Et nous saurons , tirant de notre sac
D'autres secrets , que tient notre Minerve ,
Pour le besoin , prudemment en réserve ,
Nous relever de ce coup de Jarnac....

Que si , du haut de leur noble tribune ,
Les directeurs des journaux de Paris
Font , avec nous dédaigneux , renchéris ,
Un froid accueil à notre humble fortune ;

Obstinément , pour nous , sourds et muets ,
Si ces messieurs traitent cet opuscule ,
Comme ils ont fait naguère , sans scrupule ,
Notre beau jeu libéral des échecs....

Muse , il faudra , d'une course hardie ,
Pour arriver à la publicité ,
Le droit chemin nous étant disputé ,
Faire le tour par la lithographie.

Puis , entre nous , plaçant la vérité ,
Sous son manteau , nous gravirons ensemble
Ce champ scabreux , dont le sol glisse et tremble...
Mais qui conduit à la célébrité.

Non , à coup sûr, d'un espoir ridicule ,
Que nous soyons follement entiché ;
Pour désirer d'être si haut perché ,
Nous craignons trop de faire la bascule....

Nous n'oserons jamais franchir le seuil ,
Le docte seuil du temple de mémoire :
Il faut passer par celui de la gloire ,
Pour être sûr d'y trouver bon accueil.

Or nous avons trop peu de modestie ,
Pour obtenir même un prix mérité ;
Et pour viser à l'immortalité ,
Trop peu d'esprit et trop peu de génie

———————

Nota bene : Comme bien des lecteurs
Pourraient , en vers , mal comprendre la chose ,
Et se garder d'être mes souscripteurs ,
En peu de mots , je me résume en prose.

Si le petit ouvrage amphibie et singulier, j'en conviens,
mais non sans agrément et sans utilité, ce me semble,
auquel je supplie mes compatriotes éclairés de vouloir
bien me faire la faveur de souscrire, est, sous ses deux
faces, accueilli par eux favorablement, je me propose
de publier ensuite, mais séparément, le recueil de mes
poésies et pensées fugitives; et la description complète,
par cahiers et nouvelle souscription, de mes divers projets scientifiques, avec tous les détails graphiques néces-
saires à leur parfaite intelligence.

Mon intention est également de prier alors ceux qui m'auront rendu, et à ma nombreuse famille, le signalé service de souscrire, pour un ou plusieurs exemplaires du *Précurseur pindaritechnique* de ces deux ouvrages, de me faire l'honneur d'accepter un nombre égal d'exemplaires du premier de ceux-ci, comme une faible marque de la vive reconnaissance et des sentimens distingués que leur généreux procédé m'aura inspirés, et dont je me plais à leur faire agréer, dès à présent, la sincère assurance.

Comme je livrerai mon opuscule à l'impression, dès que le montant des souscriptions (déduction faite du quart que j'ai l'intention d'affecter à la propagation de l'enseignement mutuel et à l'extinction de la mendicité, dans la ville et sous-préfecture de Fougères, mon pays d'origine et d'affection) pourra couvrir les frais du tirage des quatre mille exemplaires que je me propose de faire imprimer; je prie mes futurs souscripteurs, pour éviter des longueurs et les frais d'un second port de lettres, de vouloir bien m'envoyer de suite le montant de leur souscription, à raison de 4 francs l'exemplaire, pris chez moi ou remis à domicile dans la capitale; et de 4 fr. 5o c. pour les habitans des départemens qui désireront que je le leur envoie par la poste, en ayant soin de me donner leur adresse exacte et lisiblement écrite.

Je m'engage d'ailleurs ici solennellement, sur l'honneur, à livrer aux uns et à faire parvenir aux autres, franc de port, par la poste, dans le plus bref délai possible, le nombre d'exemplaires dont ils auront bien voulu me confier le prix; je m'engage également à leur restituer exactement cet argent, s'il arrivait, ce qu'à Dieu ne plaise! que l'appel que je fais ici à la générosité de mes compatriotes, n'ayant pas le succès que j'ose en attendre, je me visse forcé de renoncer à la publication

de mes œuvres littéraires et scientifiques, et de rede-
mander du service à M. le directeur général des Ponts
et Chaussées.......

Bien que mon intention soit de mettre scrupuleuse-
ment en réserve les fonds qui me seront adressés par mes
souscripteurs, jusqu'à concurrence de la somme néces-
saire pour couvrir les frais d'impression de ma brochure,
et de ne disposer que de ceux qui me seront légitimement
acquis, les personnes pour qui vingt-six années d'une
conduite irréprochable dans le Corps des Ponts et Chaussées ne seraient pas une garantie suffisante de ma fidélité
à remplir mes engagemens, pourront, si elles le jugent
convenable, se borner à m'envoyer leur souscription et
leur adresse : ma reconnaissance à leur égard n'en sera
nullement affaiblie.

L'ingénieur français,

LOYSEL,

Rue des Saints-Pères, n° 59,
Hôtel Taranne.

DE L'IMPRIMERIE DE CRAPELET,
rue de Vaugirard, n° 9.